W0220219

JÖRG MÜLLER

Es muss wohl ein Engel gewesen sein

Dr. Jörg Müller SAC ist katholischer Priester (Pallottinerpater), Pädagoge und seit 30 Jahren Psychotherapeut. Er lebt in Freising. Seine Bücher haben eine Gesamtauflage von über 1 000 000 Exemplaren.

Seine Bücher im Betulius Verlag Stuttgart:

Alternative Heilverfahren
Therapeutischer Anspruch und Bewertung aus christlicher Sicht

Gehorsam – um jeden Preis?
Weshalb Angepaßte konfliktunfähig sind und Eigenwillige gesünder leben

Gott ist anders
Das Leiden an den falschen Gottesvorstellungen. Wege zur Heilung

Heilung durch Versöhnung
Modell einer erfolgreichen christlich orientierten Psychotherapie. Mit David Dejori

Ich hab dir was zu sagen, Herr
Gebete für alle Zeiten

Verwünscht, verhext, verrückt oder was?
Gibt es dämonisch bedingte Störungen? Was sagen Psychologie und Theologie dazu? Wer kann helfen?

JÖRG MÜLLER

Es muss wohl ein Engel gewesen sein

Himmlische Zufälle

Illustrationen von Florian Huber

Betulius Verlag Stuttgart

ausgeschieden
Kath. Öffentliche Bücherei
Liebfrauen-Überwasser
Katthagen 2 - 48143 Münster
470/07

Bibliografische Information der Deutschen Bibliothek
Die Deutsche Bibliothek verzeichnet diese Publikation in der Deutschen Nationalbibliografie; detaillierte bibliographische Daten sind im Internet über http://dnb.ddb.de abrufbar.

1 2 3 4 11 09 07 06

Einbandgestaltung nach einem Entwurf von Florian Huber, Thalhausen
Reproduktion: Ulf Dengler, Gold Rose Publishing, Stuttgart
Gesamtherstellung: CPI books GmbH, Leck

Alle Rechte vorbehalten
© Betulius Verlag GmbH, Suttgart 2006
ISBN 3-89511-101-5
ISBN 978-3-89511-101-3

Inhalt

Kontrolle auf der Autobahn

Ich fuhr mit Tempo 120 auf der Autobahn zwischen Freising und Neufahrn. In der linken Hand hielt ich das Handy am Ohr und war im Gespräch mit einem Freund vertieft. Dabei merkte ich nicht, daß ich mit unverminderter Geschwindigkeit durch eine Baustelle fuhr, die aufgrund der schmaler werdenden Fahrbahnen nur noch 80 km erlaubte.
Während ich so auf der Überholspur fuhr, ohne mich angeschnallt zu haben, bemerkte ich plötzlich, wie rechts neben mir eine Zivilstreife fuhr. Der Fahrer gab mir per Handzeichen zu verstehen, daß ich ihm folgen solle.
Mir wurde blitzschnell klar, welche Konsequenzen das nach sich zog: Vier Wochen Führerscheinentzug, drei Punkte für zu schnelles Fahren, Geldstrafe, ein Punkt für Telefonieren ohne Freisprechanlage, Geldstrafe, ein Punkt für versäumtes Anschnallen, Geldstrafe. Macht zusammen 190 Euro.
Der Beamte war allein. »Grüß Gott, Ihre Papiere bitte. Sie wissen, warum ich Sie anhalte?«
»Ja, zu schnelles Fahren, nicht angeschnallt, Handy am Ohr. – Es tut mir leid. Das war nicht gut. Können wir nicht verhandeln?«
»Verhandeln? Wie meinen Sie das?«

»Nun, ich benötige den Führerschein ganz dringend. Ich habe in München einen Termin, der sehr wichtig ist. Wenn ich jetzt den Führerschein abgeben muß, habe ich größte Schwierigkeiten, meinen Tätigkeiten als Therapeut und Priester nachzukommen. Ich sehe ein …«

»Was sind Sie? Therapeut und Priester?«

»Ja. Ich gehöre zum Pallotti-Haus in Freising, bin Priester und Therapeut und habe in München einen dringenden Seelsorgefall.«

»Priester sind Sie. Aha. Dann müssen Sie ja erst recht ordnungsgemäß fahren und Vorbild sein, nicht wahr?«

»Da gebe ich Ihnen recht. Wissen Sie, ich fahre jährlich 80 000 km, da kann so was schon mal passieren. Im übrigen habe ich eine Freisprechanlage im Auto; ich habe sie in der Eile nicht eingeschaltet.«

»Wenn Sie so viel im Jahr fahren, müssen Sie ja besonders aufpassen. Oder?«

»Herr Kommissar, Sie haben recht. Aber wer lange lebt, sündigt auch mehr.«

»Stimmt auch wieder«, murmelte er. Dann zückte er seinen Block und meinte: »Das mit dem Handy kann ich nicht durchgehen lassen. Das kostet Sie 30 Euro. Alles andere habe ich vergessen. Wenn Sie in eine Kirche gehen, zünden Sie eine Kerze an und beten Sie für die Polizei. Für die bayerische Polizei. Habe ich mich richtig ausgedrückt?«

»Haben Sie. Ich danke Ihnen.«
Er nahm mein Bußgeld entgegen, gab mir die Quittung und sagte: »Gute Fahrt, Herr Pater!«

Verirrt im Wald

Es war ein schöner Herbsttag an der Mosel. Ich entschloß mich, auf den Hunsrück zu fahren, das Auto an einem Waldrand abzustellen und einen ausgedehnten Spaziergang zu machen. Es war gegen 16 Uhr.

In der Nähe der Römerstraße bei Morbach begann meine Wanderung. Ich genoß die Ruhe des Waldes, den Duft der Nadelbäume, diese typische Waldstimmung, die ich schon als Junge geliebt habe, wenn mein Vater mich einmal mit auf die Jagd nahm. So drang ich immer weiter in den Wald vor und merkte nicht, wie sich die Dunkelheit immer rascher ausbreitete. Es war Zeit zur Umkehr. Zu allem Übel knickte jetzt auch noch mein rechter Fuß um. Er schwoll an und tat bei jedem Tritt weh. Binnen kurzer Zeit wurde es so finster um mich herum, daß ich unmöglich den Weg zurückfinden konnte und mich mit dem Gedanken vertraut machte, im Wald die Nacht verbringen zu müssen. Warum nur bin ich nicht früher umgekehrt? Ich hatte zwar keine Angst, doch die Kälte der Nacht machte mich nervöser als das Geräusch knacksender Äste, huschender Nachtvögel oder rufender Käuzchen.

In dieser mißlichen Lage bat ich Gott um Hilfe. Und die blieb nicht lange aus. Nach etwa 10 Minuten hörte ich das Motorengeräusch eines Volkswagens. Ich stellte mich in den Lichtkegel und winkte mit den Armen. Das Auto hielt an, der Fahrer, ungefähr 30 Jahre alt, rief mir aus dem Fenster zu: »Ich sehe, Sie brauchen Hilfe. Steigen Sie ein!«

Ich nahm sein Angebot dankbar an.

»Sie kommen wie vom Himmel geschickt«, sagte ich.

»Ja natürlich«, entgegnete er, »komme ich ja auch.«

Ich war irritiert angesichts dieser Worte, die er so selbstverständlich sprach. Und während er mich zu meinem Wagen zurückfuhr, fragte ich ihn: »Glauben Sie an Engel?«

»Aber klar doch«, meinte er, »ich bin ja jetzt ein Engel.« Und er lachte.

Mir wurde richtig mulmig. Ich schaute ihn mir aus dem Augenwinkel an, so als ob ich die verborgenen Flügel suchte. Er fuhr mich zielsicher zu meinem Auto. Dann erklärte er: »Wissen Sie, ich war auf der Heimfahrt, als ich auf der Kreuzung da vorne den Impuls hatte, nach rechts zu fahren. In den Wald hinein. Naja, das tat ich denn auch. Und so bin ich auf Sie gestoßen. Da kann man doch sagen, daß Gott seine Hände im Spiel hatte.«

Der Mann wurde mir immer sympathischer. Und geheimnisvoller. Ich bot ihm ein Entgelt an, das er erwartungsgemäß ausschlug. Also notierte ich mir seine KFZ-Nummer: BKS-EH 28 (BKS, damals noch für Bernkastel-Kues) in der Absicht, ihm ein Geschenk zukommen zu lassen. Anderntags ging ich sofort zum

Landratsamt, erzählte der Dame am Schalter dieses Erlebnis und bat um die Adresse des KFZ-Halters.
Nach anfänglichen Widerständen war sie bereit, in den Akten nachzuschauen. Sie schaute ziemlich lange nach. Dann erklärte sie: »Junger Mann, ich kann diese Nummer nicht finden. Die existiert nicht. Tut mir leid.«
In Gedanken versunken fuhr ich nach Hause.

Traumhafte Lösung

Hebräisch war nicht gerade meine Stärke. Und so häuften sich die weniger guten Noten, die eine Wiederholung des Semesters ahnen ließen. Es sei denn, die letzte bevorstehende Examensarbeit fiele überraschend gut aus. Da müßte allerdings schon ein Wunder geschehen. So paukte ich also Tage und Nächte hindurch, um zu retten, was nicht mehr zu retten war. Zwischenzeitlich wandte ich mich hilfesuchend an Gott und an alle Heiligen, wobei nicht klar war, was mehr helfen müßte: das Lernen oder die Gnade des Himmels. Am Vorabend der Prüfung entschloß ich mich, zeitig zu Bett zu gehen, um anderntags wenigstens ausgeruht durchzufallen. Doch es sollte anders kommen.

In der Nacht träumte ich, ich säße im Prüfungssaal. Der Professor trat ein und schrieb den zu bearbeitenden Text aus dem Alten Testament an die Tafel: Genesis 28,10 bis 17 (Jakobs Traum von der Himmelsleiter). Vor lauter Prüfungsschreck wurde ich wach und erinnerte mich sehr deutlich an den Traum. Es war halb zwei. Ich stand auf, suchte den Text heraus und bearbeitete ihn so lange, bis ich ihn beherrschte. Gegen 5 Uhr legte ich mich schlafen.

Dann kam alles so wie es der Traum zeigte: Professor Haag betrat den Hörsaal und schrieb zwei alttestamentliche Themen zur Auswahl an die Tafel. Eines davon war Jakobs Traum von der Himmelsleiter. Für einen Moment glaubte ich, alle müßten meinen Herzschlag hören oder zumindest die Adrenalinausschüttung wahrnehmen. Ich machte mich an die Arbeit, nicht ohne vorher dem Himmel und allen Heiligen zu danken.

Dann kam der Tag der Offenbarung. Professor Haag verteilte die Arbeiten. Ich hatte ein »gut« und war damit gerettet. Und während die Freude noch auf dem Höhepunkt war, rief der Professor mich zu sich.

»Herr Müller, wie erklären Sie sich diese Note? Kann es sein, daß Sie abgeschrieben haben oder sonstwie unerlaubte Hilfsmittel benutzten?«

»Nein, Herr Professor«, entgegnete ich ihm, »ob Sie es glauben oder nicht, ich habe von dieser Prüfung geträumt und dann eben diese Textstelle noch in dieser Nacht studiert.«

Der Professor lachte kurz, dann sagte er: »Jaja, geträumt. Der Herr gibt's den Seinen im Schlaf.«

»So sehe ich das auch, Herr Professor.«

Die sich später anschließende mündliche Prüfung fiel zufriedenstellend aus. Als alles zu Ende war, meinte der Professor schmunzelnd: »Na, Herr Müller, haben Sie das auch vorher geträumt?«

»Nein, Herr Professor, das habe ich mir nun wirklich nicht träumen lassen.«

Der Student, der dazwischensprang

Es war beim Jugendkongreß in Salzburg, wo ich am Pfingstfest ein Seminar für junge Menschen leitete. 40 Jugendliche saßen im Kreis und wollten mit mir über Gotteserfahrungen sprechen. Mir fiel seit geraumer Zeit eine ältere Person auf, die offenbar betrunken war und sich im Raum aufhielt. Wir waren gerade dabei, unsere Stühle herzurichten, als der Mann eine plötzliche Wendung machte und im Begriff war, auf mich zu stürzen und mich an der Gurgel zu packen. In diesem Moment sprang ein Student auf, der neben mir saß, und stellte sich zwischen mich und den Angreifer, wobei er den Mann mit seinen Händen wegstieß. Es kam zu einem Tumult, bei dem weitere Jugendliche ihn packten und hinausführten.

Ich saß ziemlich irritiert da, zugleich betroffen und überrascht vom spontanen Verhalten des Studenten. Als wieder Ruhe einkehrte, fragte ich ihn, weshalb er das getan habe; schließlich war das ja nicht ungefährlich. Er gab zur Antwort: »Ich bin Christ. Und da ist das selbstverständlich.«

Dieses Zeugnis hat nicht nur mich beeindruckt. Sein Name: Robert Schmalzbauer.

Das rettende Boot

Es war am Trasimenischen See, an jenem Wasser nahe bei Perugia, an dem im Jahr 217 Hannibal gegen Gaius Flaminius kämpfte. Außer meinem italienischen Freund Mauro und mir gab es weit und breit keinen Menschen am See. Warum das so war, erfuhren wir erst später. Wir wollten uns in der Sommerhitze ein wenig abkühlen. Noch bevor ich meine Kleider abgelegt hatte, sprang Mauro ins Wasser. »Auf der Insel drüben treffen wir uns«, rief er mir zu und kraulte davon. Die Insel lag etwa 500 m weit entfernt. Ich wollte natürlich nicht abgehängt werden und schwamm mit voller Kraft nach. Nicht lange. Plötzlich ergriffen mich Schlingpflanzen; meine Füße verhedderten sich immer mehr im Gestrüpp lästiger und klebriger Lianen. Jeder Befreiungsversuch endete in neuerlichen Verwicklungen, bis nichts mehr ging. Mir wurde klar, daß ich hier ohne Hilfe wohl kaum rauskommen würde, Mauro war nicht mehr zu sehen. Ich wollte meine Kraft anders nutzen als jetzt lauthals um Hilfe zu schreien. Aber alle Bemühungen waren aussichtslos. Es war wieder einmal Zeit, Gott um Beistand zu bitten, und zwar sehr schnell; denn meine Kräfte ließen nach. Das Herumschlagen der Arme führte zu nichts, außer zur Ermüdung.

In diesem Augenblick sah ich ein Motorboot hinter dem schilfbewachsenen Teil des Sees hervorkommen, etwa 100 m weit entfernt. Ich winkte ihm zu und rief: »Aiuto, aiuto (Hilfe, Hilfe)!« Der Mann erkannte schnell die Situation und fuhr heran, warf ein Lasso zu mir herüber und zog mich in sein Boot.

»Mio dio, non sa che qui ci sono piante rampicanti? E stato fortunato che l'ho visto io.« (»Mein Gott, wissen Sie denn nicht, daß es hier Schlingpflanzen gibt? Da haben Sie aber Glück gehabt, daß ich Sie noch gesehen habe.«)

In der Tat: Ich hatte mal wieder Glück gehabt. Klar, daß sich an diesem Seeufer kein Mensch aufhielt.

Noch einmal davongekommen

Es waren heiße Tage in Marokko. Ich stand mit meinem Renault 4 am Hafen von Algeciras und wartete mit vielen anderen PKW-Reisenden vor der Zollkontrolle. Nur mühsam und schleppend ging es voran. Ich hatte meine beiden Vordertüren ausgehängt und hinter die Rücksitze gelegt, um frischen, aber immer noch sehr warmen Fahrtwind reinzulassen. Weil die Zollbeamten alle Wagen genau untersuchten und dabei auch ihre Drogenspürhunde einsetzten, schleppte sich der Nachmittag dumpf dahin. Ich hatte nichts zu befürchten, wollte nur schnell auf die Fähre und nach Hause. Spanien und Frankreich mußten noch durchquert werden.

Unmittelbar vor mir wurde ein altersmüder BMW durchwühlt; die beiden jugendlichen Fahrer aus Deutschland mußten alles ausräumen und säuberlich neben das Auto legen. Während der ganzen Prozedur fing ich an, etwas Ordnung in meinem Wagen zu machen, Handschuhfach und die Kühlbox auf der Mittelkonsole zu entrümpeln und ein lästiges Kabel, das unter dem Autoradio herausschaute, zu entfernen. Dabei mußte ich das Radio aus dem Rahmen nehmen, was überraschenderweise sehr leicht ging. Ich wurde stutzig und entdeckte eine zellophanverpackte Platte mit einer gepreßten braunen Masse in der Größe eines Ter-

ZOLL

minkalenders. Mir stockte der Atem. Haschisch? Um Gottes willen, nicht jetzt, wo …

Da bellte der Hund vor mir. Die Beamten forderten die Jugendlichen auf, die Türverkleidungen ihres BMW abzuschrauben. Dann entnahmen sie einige Päckchen mit braunem, gepreßtem Pulver. Die Jugendlichen wurden sofort in das Zollgebäude beordert. Es gab keinen Zweifel: das bedeutete Gefängnis.

Ich war naßgeschwitzt. Wie kommt das Päckchen hinter das Radio und wohin sollte ich es jetzt tun? Hinauswerfen ging nicht mehr, die Hunde hätten es sofort aufgespürt. Außerdem wimmelte es von Beamten. Ich sah mich schon in Handschellen in einem stinkenden spanischen Loch dahinvegetieren.

»Lieber Gott, laß den Kelch an mir vorübergehen«, vermochte ich noch zu murmeln, als ein Beamter auf mich zukam und mich zum Weiterfahren aufforderte: »Barra, barra!«

Als der Schock vorüber war, wurde mir immer klarer, daß ich als Drogenkurier benutzt werden sollte. Aber von wem? Und wie kam die Platte da hinein? Wer sollte sie wieder herausnehmen? Fragen über Fragen, die ich nie habe klären können. Weil ich aber ohne Pause durchfuhr und beim Tanken den Wagen stets im Blick hatte, hatte der Täter keine Chance mehr, an die heiße Ware heranzukommen. Ich habe sie unterwegs entsorgt.

Scharf am Abgrund

Es war höchste Zeit, loszufahren, wenn ich um 8 Uhr in der Schule sein wollte. Der Verkehr war an diesem Morgen ziemlich heftig; ich mußte mich beeilen und hoffte trotz des ausgehenden Winters, daß die Straßen frei wären.

Zwischen Wiltingen und Saarburg geschah es dann. Nichts schien auf eine lauernde Gefahr zu deuten. Die breite Straße war gerade neu geteert worden; es gab keinen Gegenverkehr und von Glatteis war nichts zu merken. Zwar fehlten noch die Markierungen und auch das Geländer zur Flußseite hin; aber die Straße vor mir war frei, bis auf einen LKW, den ich überholte.

Der Überholvorgang war kaum abgeschlossen, als mein Wagen plötzlich ins Rutschen kam. Dann drehte er sich um 180°, rutschte rückwärts weiter in Fahrtrichtung, näherte sich dem unbefestigten Straßenrand und war im Begriff, über die Straße hinauszufliegen, hinein in die starken Strömungen der angeschwollenen Saar. Alles ging blitzschnell; ich rief noch: »Jesus, hilf!« Es gab einen heftigen Ruck, der Wagen blieb entgegengesetzt der Fahrtrichtung stehen.

Ich weiß nicht wie lange ich noch, vom Schock gelähmt, im Auto saß. Jedenfalls standen etliche PKWs auf der

Straße. Der LKW-Fahrer kam auf mich zu und meinte, selbst zutiefst erschrocken: »Haben Sie einen Dusel! Ich glaube, Sie haben zwei Schutzengel gehabt. Ich sah Sie schon in der Saar schwimmen.«

Als ich die Tür öffnete und meinen Fuß heraussetzen wollte, erkannte ich noch rechtzeitig, daß der Wagen etwa 10 cm vor dem Abgrund stand; 2 m tiefer floß die eiskalte Saar. Nichts war da, was den abrupten Stillstand des Wagens hätte erklären können, kein Stein, keine Randbefestigung, einfach nichts.

Ich drehte um und fuhr langsam weiter. Anderntags meldeten die Zeitungen: »Fahrer wie durch ein Wunder vor dem Absturz in die Saar gerettet.«

Attentat an der Klagemauer

Es war meine dritte Israelreise. Zum wiederholten Mal ging ich auf den Spuren der Apostel, besuchte die Heiligen Stätten und genoß das herrliche mediterrane Klima. Soeben kam ich vom Kloster der Verklärung, wo ich eine deutsche Ordensfrau besucht hatte, und begab mich nun in Richtung Altstadt, um noch einmal zur Klagemauer zu gehen.

Es war am Nachmittag gegen drei Uhr; Pilger aus aller Welt waren versammelt und verstopften die engen Gassen. Ich kämpfte mich durch bis zum großen Platz vor der weltbekannten Mauer des ehemaligen salomonischen Tempels. Die Klagemauer ist der noch erhaltene Teil des umfangreichen, von Herodes dem Großen getätigten Umbaus. Einige orthodoxe Juden standen dort in ihrer traditionellen Kleidung und verrichteten ihre Gebete mit den typischen rhythmischen Kopfbewegungen.

Ich mischte mich unter sie, beobachtete die unterschiedlichen Typen und musterte ihre eigenartigen religiösen Attribute: das Kästchen (Tefillin) auf ihrer Stirn sowie das lange schwarze Band am linken Arm, das ebenfalls einen ledernen Behälter mit Gebeten aus der Thora enthielt.

Immer wieder kam der flüchtige Gedanke an mögliche

Gefahren in dieser Region: Man hörte und las ja ständig von Selbstmordattentaten, von Explosionen und Heckenschützen. Uns wurde geraten, nie zu lange an einem Ort zu verweilen. Ich dachte noch, wie das wäre, wenn jetzt hier ein solches Unglück passieren würde. So verließ ich diesen Platz mit wenig erhabenen Gefühlen.
Ich begab mich in Richtung Via Dolorosa. Dort wollte ich in einem kleinen Bazar Damaststoffe für ein Meßgewand kaufen. Es waren ungefähr 15 Minuten vergangen, als eine heftige Detonation die Gassen und Häuser erzittern ließ. Kurz darauf hörte man aus allen Richtungen das Sirenengeheul der Krankenwagen und Polizeiautos. Rasch war es in aller Munde: An der Klagemauer war eine Bombe geplatzt. Man sprach von 3 Toten und einigen Verletzten.
Mir ging es heiß und kalt über den Rücken. Ich mußte an die betenden Menschen denken. Natürlich ging auch die leidlich bekannte Frage durch meinen Kopf: Warum kam ich wieder einmal davon und wieso mußte es diese Menschen treffen? Es ist die umgekehrte Hiobsfrage, die auch keine plausible Antwort kennt.

Gefunden in Kairo

Jahrelang unterstützte ich ein Waisenhaus in Kairo, betreut von Reverend Mouskir Riskallah. Ich übernahm die Patenschaft eines arabischen Jungen und unterstützte auch die Einrichtung einer Videothek für die Jugendlichen. Schließlich lud mich der Reverend ein, nach Kairo zu kommen, um mir das Projekt anzuschauen.

Eine gute Gelegenheit, endlich mal nach Ägypten zu kommen und dies zu verbinden mit einer Exkursion zum Katharinenkloster auf dem Sinai. Außerdem trug ich mich mit dem Gedanken, die berühmte Müllschwester Emanuelle zu besuchen.

So buchte ich ein Hotel unmittelbar bei den Pyramiden und mietete mir am Flughafen einen Wagen. Dann machte ich mich auf den Weg zu Reverend Riskallah, der am Rand der sehr lauten und schmutzigen Stadt wohnte. Aber wie das mit den Stadtplänen so ist, nichts stimmte mehr. Ein Handy hatte ich noch nicht. Ich lief mehrfach um den beschriebenen Häuserblock herum, befragte die Menschen, soweit wir uns verständigen konnten, studierte den Plan – ohne Erfolg. Nach einer Stunde zermürbender Suche wollte ich zum Hotel zurückfahren, als ein junger Mann im modernen, westlichen Outfit auf mich zukam.

»Sind Sie Dr. Müller?« fragte er in einem arabisch klingenden Französisch.
»Ja, das bin ich.«
»Ich bin der Sohn von Reverend Riskallah. Wir warten auf Sie. Kommen Sie mit mir.«
Dann führte er mich in das Haus seiner Eltern, das versteckt in einem Hinterhof lag.
Im Wohnzimmer war die gesamte Familie anwesend, insgesamt sieben Personen. Abdelkrim, so hieß der älteste Sohn, studierte in Kairo. Sein Bruder war Musiker. Reverend Mounir Riskallah war eine stattliche Erscheinung und Geistlicher der Baptistenkirche Church of God. Zwei Töchter gingen noch zur Schule.
Nach dem Essen fuhr mich der Reverend mit seinem Wagen in das Waisenheim, wo er mich den Kindern »vorführte« und natürlich auch meinem Patenkind Youssef vorstellte. Youssef war 12 Jahre alt und immer am Lächeln, ein ruhiger, hochgewachsener Junge.
Ich spürte die Dankbarkeit der Kinder, die ihren Reverend verehrten und die trotz der sehr bescheidenen Verhältnisse sich ihres Lebens freuten.
Es wurde spät an diesem Tag. Gegen Mitternacht fuhr ich endlich zurück ins Hotel und schlief erschöpft ein.

Um 5 Uhr früh läutete das Telefon. Wer wird sich denn da verwählt haben, fragte ich mich.
»Salam, Docteur Muller. Hier ist Béchir. Sie wollten

doch zum Katharinenkloster fahren. Mein Freund und ich bringen Sie mit dem Jeep hin. Wir warten hier in der Rezeption.«

Ich war baff. Tatsächlich hatte ich von meinem Vorhaben erzählt. Aber daß dies auf so rasche und unkomplizierte Weise in Erfüllung gehen sollte, überraschte mich sehr. Immerhin war das eine mühsame Reise von 1000 km, quer durch die Sinai-Halbinsel. Und das bei 40 Grad Hitze.

So machte ich mich rasch fertig und kam in den Genuß, von zwei untypischen Arabern im geliehenen Jeep durch die Steinwüste chauffiert zu werden. Es war ein anstrengendes, wenngleich auch sehr schönes Erlebnis.

Wo finde ich Schwester Emanuelle, die berühmte alte Dame, die sich der Müllmenschen angenommen hat? Ich wußte lediglich, daß sie manchmal in der katholischen Kirche St. Joseph im Stadtteil Abdin anzutreffen war. Also machte ich mich auf den Weg dorthin, um den sonntäglichen Gottesdienst mitzufeiern. Vielleicht habe ich ja Glück, dachte ich.

Da stand ich nun in der vollbesetzten Kirche. Wie sollte ich Sr. Emanuelle finden, wenn ich nicht einmal wußte, wie sie aussah? So entschloß ich mich, die neben mir kniende ältere Dame zu fragen.

»Pardon, ich suche Soeur Emanuelle. Kennen Sie sie?«

Die Dame wandte sich mir zu und meinte lächelnd: »Und ob. Ich bin es selbst.«
Seltsam, dachte ich. Wieder eine dieser merkwürdigen Fügungen. Erst findet mich ein junger Mann, der mich nie gesehen hat, dann finde ich eine alte Frau, die ich nie gesehen habe. Einfach so.

Der Felsen

Ich studierte gerade in Innsbruck. Und da die Vorlesungen bisweilen doch sehr trocken und mühsam waren, schien es mir bei weitem interessanter, die Natur zu genießen und mit Freunden die umliegenden Berge zu besteigen. Meine Freunde und ich verabredeten uns an einem sonnigen Freitag zur Eroberung des Hafelekars, jenes Berges, der sich mit 2300 m Höhe an der Nordseite Innsbrucks majestätisch erhebt. Wir marschierten über das Höttinger Bild zur Galtalm (1152 m) und weiter entlang dem Höttinger Graben.

Das Wetter war bestens, die Stimmung auch. Irgendwann wurde der Weg steiniger, steiler und mühsamer. Wir entschlossen uns, eine Abkürzung über eine Felswand zu suchen, die uns nicht zu schwierig erschien. Sie war nicht steil; dennoch war Vorsicht geboten. Unsere Füße suchten den richtigen Halt in den Felsvorsprüngen und kleinen Spalten, die Hände griffen tastend und prüfend nach jeder kleinsten Steinnische, die sich anbot.

Meine Innsbrucker Freunde hatten da mehr Übung als ich. Irgendwie verstieg ich mich in dieser Wand und sah keine Möglichkeit zum Weiterkommen. Nun ist das Zurückgehen ungleich schwieriger als das Emporklettern. Sie bemerkten meine mißliche Lage, konnten aber

keine Hilfestellung geben, da sie bereits über mir waren.

Der Felsen beanspruchte keinerlei professionelle Kenntnis oder Ausbildung im Bergsteigen. So dachte ich. Ich hatte mich einfach verheddert und mußte zurück. Ich entschloß mich zu einem kühnen Griff und machte einen Sprung auf einen hervorragenden, abgebrochenen Baumast in der Hoffnung, von ihm gehalten zu werden.

Er hielt nicht. Ich rutschte ab, suchte an der schrägen Felswand nach Halt, rutschte weiter, spürte schmerzende Stiche und Schläge und fiel auf eine zwei Quadratmeter große Felsplatte.

»Bist du verletzt?« rief einer meiner Begleiter von oben herunter. »Rühr dich jetzt nicht; vielleicht hast du was gebrochen. Warte, wir kommen.«

»Keine Sorge«, entgegnete ich, »alles okay. Nur ein paar Schürfwunden.«

Ich erhob mich und bemerkte jetzt erst, daß der Fels unter mir ziemlich steil abfiel. Wäre diese Platte nicht gewesen, hätte der Sturz mein Leben kosten können.

Das wußten auch meine Freunde. Am Höttinger Bild sagten wir dem Himmel Dank.

Eine Weisung von oben

Schon lange ging ich mit dem Gedanken schwanger, ein Gebetbuch zu schreiben. Doch die Tatsache, daß es wahrlich genügend solcher Exemplare auf dem Büchermarkt gibt, hatte mich stets zurückgehalten. Gewiß, ich wollte nicht irgendwelche frommen Texte schreiben, sondern handfeste, alltagsbezogene Gespräche mit Gott, sozusagen Texte für alle Fälle.

Also nutzte ich die freien Tage, sofern denn auch die Inspiration dazukam, zum Schreiben. Die sich so ansammelnden Zettel bewahrte ich in einer Mappe auf, hoffend auf einen baldigen Fingerzeig von oben.

Es verging ein Jahr und nichts geschah, außer daß ich fünfzig Gebete fertiggestellt hatte und auf ihre Stimmigkeit hin betend überprüfte.

Eine Methode dieser Überprüfung bestand darin, die Texte verschiedenen Personen vorzulegen, um deren Feedback einzuholen. Wie kamen sie an? Wie hilfreich sind sie?

Ich suchte Herrn Heinrich auf, der in einer großen christlichen Buchhandlung Geschäftsführer war, und bat ihn, die Texte zu prüfen. Herr Heinrich war entzückt und ermutigte mich zum Weitermachen.

Zu Hause bemerkte ich den Verlust einer Textseite und

forschte nach ihrem Verbleib. Doch niemand der aufgesuchten »Prüfer« hatte sie. Sie war und blieb verschwunden. So legte ich erst einmal alle Blätter in die Schublade und wandte mich anderen Dingen zu.

Es vergingen einige Wochen. Ich saß am Schreibtisch, als das Telefon läutete.

»Hier Weitbrecht, Betulius Verlag in Stuttgart. Spreche ich mit Dr. Müller?«

»Ja.«

»Mir liegt ein Text vor aus Ihrer Feder, der Teil eines Gebetes. Ich habe dieses Blatt in Trier gefunden, vor der Buchhandlung Interbook. Und Herr Heinrich meinte, das sei ein Text von Ihnen. Haben Sie noch mehr solche Gebete?«

»Ja, insgesamt fünfzig Texte«, antwortete ich ziemlich verblüfft.

»Wunderbar. Da können wir doch ein schönes Bändchen draus machen. Was meinen Sie dazu?«

»Ja, wenn Sie das so sagen«, entgegnete ich in einem tranceähnlichen Zustand. »Ich kann sie Ihnen ja mal zuschicken.«

»Sehr schön. Ich melde mich dann bei Ihnen wieder.«

Ich legte den Hörer auf und meinte, in einer nie da gewesenen Deutlichkeit den erwarteten Fingerzeig des Himmels gespürt zu haben.

Das Gebetbuch »Ich hab dir was zu sagen, Herr« wurde bald darauf herausgegeben. Es geht der achten Auflage entgegen.

Erneuerte Anweisung von oben

Der Plan, ein Buch über die Unterscheidung der Geister zu schreiben, wuchs immer mehr. Jedoch schien mir das Unterfangen schwierig, weil es einerseits genügend Titel auf dem Markt gab, andererseits nichts konkret genug für den Alltagsgebrauch war. Es ging mir darum, gesunde und pathologische Formen des Betens und des Christseins darzulegen und Kriterien zur Unterscheidung anzubieten. So schleppte ich diesen Gedanken monatelang mit mir herum, ohne zu einem Ergebnis zu kommen.

Dann eines Tages schlug ich Gott vor, mir beizeiten einen Wink zu geben, ob und wann dieses Thema behandelt werden sollte. Ich begab mich also in die göttliche Warteschleife und vergaß fast dieses Anliegen, als mich nach einem halben Jahr eine Dame auf der Straße ansprach:

»Wie gut, daß ich Sie treffe, Herr Dr. Müller. Ich bin Frau Wagner. Sie werden mich nicht kennen, aber ich kenne Ihre Bücher. Und ich wollte Sie schon lange mal fragen, ob Sie nicht etwas über den religiösen Alltag schreiben wollen. Ich meine, über Gebet, Gotteserfahrung, echte und falsche Spiritualität, also Hilfen zur Unterscheidung, wenn Sie verstehen, was ich meine.«

»Und ob ich verstehe, Frau Wagner. Sie sind der Wink

des Himmels. Diesen Gedanken habe ich schon lange. Ihre Anregung betrachte ich als grüne Ampel.«

»Wirklich? Das freut mich aber sehr. Das ist ja wirklich ein Zufall ...«

»In der Tat. Ich denke, Sie werden es im nächsten Jahr lesen können.«

Lange dachte ich über diese Begegnung nach. Und über diesen himmlischen Zufall.

Die verspätete Theaterprobe

Shakespeares Wintermärchen war angesagt am Stadttheater Trier. Ich spielte einen Zauberkünstler und Gaukler. An diesem Abend fand die letzte Probe ohne Kostüme statt. Da war Pünktlichkeit Pflicht, andernfalls gab es Ärger mit dem Regisseur, Herrn Baer. Aber wie es das Schicksal wollte, ging an diesem Tag so ziemlich alles schief. Ich fuhr mit meinem Buggy, einem offenen Polyester-Jeep mit VW-Motor, auf der Autobahn Saarbrücken-Trier, um rechtzeitig zur Probe zu kommen, die um zwanzig Uhr begann. Da passierte es: das Kupplungsseil riß. Es war neunzehn Uhr, und ich befand mich gerade auf der Höhe von Sulzbach, etwa 100 km von Trier entfernt.

Da stand ich nun gottverlassen und ziemlich ratlos am Randstreifen der Autobahn und war mir im klaren darüber, was es bedeutet, eine wichtige Theaterprobe zu verpassen. Ich machte mich an die Reparatur, öffnete den Deckel in der Mittelkonsole des Wagens und versuchte nun mit dem bißchen Werkzeug, das ich dabei hatte, den Schaden selber zu beheben. Bald erkannte ich, daß das Drahtseil nur ausgeklinkt, nicht gerissen war. Ich mußte es mit aller Kraft wieder einhaken. Diese Prozedur dauerte eine geschlagene Stunde. Hin und her gerissen zwischen der Freude über diesen Er-

folg und der Sorge um die Folgen meiner Verspätung gab ich Gas und betrat ölverschmiert kurz vor einundzwanzig Uhr das Theater.
Als ich leise und schuldbewußt hinter die Bühnenkulissen trat, vernahm ich die laute Stimme des Regisseurs aus dem Publikumsraum: »Herr Müller, bitte Ihren Auftritt jetzt!«
Ich trat heraus auf die vordere Bühnenrampe und begann meinen Part. Wie ich später hörte, hatte sich die Probe wegen eines Beleuchtungsdefekts um eine Stunde verzögert.

Eingeschneit im kroatischen Winter

Zu viert machten wir uns auf nach Medjugorje, dem Wallfahrtsort nahe bei Mostar. Es war im Winter. Ich war die Route schon sehr oft gefahren und kannte mich aus. Meinte ich. Die abenteuerliche Fahrt im PKW fand kurz nach dem serbisch-bosnischen Krieg statt, vorbei an zerschossenen Häusern, verlassenen Siedlungen, kaputten Straßen. Normalerweise benötigte ich für die Strecke München-Medjugorje elf Autostunden, doch diesmal mußten Umwege gefahren werden; außerdem brach die Dunkelheit rasch ein. Das Verhängnis begann in Novo Mesto. Ich fuhr siegesgewiß in die falsche Richtung und drang immer tiefer in das winterliche Gebiet des Gorjanci ein; irgendwie kam uns allen die Sache merkwürdig vor.

Es war bereits kurz vor Mitternacht, als wir in einen heftigen Schneesturm gerieten, der nichts mehr erkennen ließ. Uns wurde immer klarer, daß wir im Auto die eisig kalte Nacht verbringen mußten. Während wir also darüber debattierten, was zu tun sei, kam uns ein LKW entgegen. Wir nutzten diese Chance und fuhren in dessen Windschatten zurück in das Dorf, das wir gerade hinter uns gelassen hatten (irgendwo bei Kostanjevac) und waren heilfroh, eine mit Kerzen erhellte Kneipe vorzufinden. Einige junge Männer saßen da und staun-

ten nicht schlecht, als sie uns sahen. Die Frage nach einem Hotel oder dergleichen war gewiß nicht angebracht in diesem halb zerstörten Dorf; wir versuchten uns in allen möglichen Sprachen, um irgendeine Schlafstelle zu bekommen.
Schließlich führte uns einer der Männer in eine völlig zugeschneite Seitenstraße zu einem leerstehenden Haus. Es war offen; wir betraten die dunklen Räume und erkannten im Licht unserer Taschenlampen ein ziemliches Durcheinander und mittendrin zwei Doppelbetten. Die Besitzer mußten wohl sehr schnell geflohen sein. Außerdem gab es weder Wasser noch Strom. Die folgende Nacht, die wir bei minus acht Grad in den feuchtkalten Betten verbrachten, werden wir alle nicht vergessen. Es war schon ein Wunder, mit dem Wagen durch die hohen Schneemassen zu gelangen …

Am anderen Morgen setzten wir die abenteuerliche Reise fort. Wie sollten wir den nicht geräumten Berg bewältigen ohne Schneeketten?
Mit einem langen Anlauf gelang es uns, den Wagen bis zur Bergkuppe hinauf zu bringen: wir vier Pilger und zwei Männer aus dem Dorf, die anschoben. Ob wir heute noch ankommen würden in Medjugorje? Keine Karte vermochte uns über unseren Standort aufzuklären. Der Krieg hatte alles durcheinandergebracht. Die Ortstafeln waren zerstört oder zugeschneit, Menschen waren kaum zu sehen. Da blieb nur noch das Beten.

Abends gegen zehn Uhr trafen wir erschöpft in Medjugorje ein. Ganz offenkundig haben uns mindestens vier Engel geholfen: Der LKW-Fahrer, der junge »Gastgeber« und die beiden Wagenanschieber.

Der Scheck

Eines meiner Hobbys ist das Zaubern, eine nicht immer billige Freizeitbeschäftigung. So plante ich denn, mir eine Spiegelkiste zu kaufen, einen Apparat, der stets leer gezeigt werden kann, obgleich er voll ist. Damals kostete so ein Gerät 500 DM. Und da ein Patient mir eben jene Summe noch schuldete, wartete ich ab, bis sein Scheck eintraf.

Er traf ein. Doch bevor ich den Hörer aufnehmen konnte, um dieses teure Stück zu bestellen, läutete mein Telefon. Ein Freund klagte mir sein Leid, er war in finanzieller Not und bat um ein Darlehen in Höhe von – man glaubt es kaum – 500 DM.

Ich schluckte erst einmal. Dann sagte ich ihm zu und legte den Wunsch nach einer Spiegelkiste auf Eis.

Einige Tage später, kurz vor einem Zauberauftritt vor amerikanischen Militärseelsorgern, meldete sich ein Kollege von mir, ebenfalls Hobbyzauberer, und bot mir seine Spiegelkiste für 200 DM an.

Ich sagte zu. Als ich anderntags meine Post sichtete, fand sich ein Brief darunter mit einem Scheck in Höhe von 200 DM. Es handelte sich um Bibliothekstantiemen, die ich für meine Bücher erhielt.

Panne in der türkischen Wüste

Da stand ich nun inmitten der steinigen Pampa, irgendwo südlich von Kayseri, mit meinem wüstenerprobten Renault 4 und hatte die linke Gelenkwelle verloren. »Super«, dachte ich, »weit und breit kein Mensch, über 40 Grad Hitze. Vorzüglicher Ort, um mit Gott ins Geschäft zu kommen.« Es war früher Nachmittag. Die Sonne brannte, der Gesang der Zikaden erfüllte die heiße Luft, weit und breit nichts als Steine, ein paar Olivenbäume, naja, das Übliche. Und ich fragte mich, warum zum Teufel habe ich mir diese Route ausgesucht.

Zwei Stunden wartete ich im heißen Schatten meines glühenden roten Renaults, dessen Türen ich ausgehängt hatte, um mehr Fahrtwind zu erhaschen. Zwischendurch schickte ich ein Stoßgebet gen Himmel, das, wie mir schien, seiner Erhörung nahe war.

Es kam ein Eselskarren des Weges. Der alte Bauer, der Heu geladen hatte, begriff sofort meine Lage. Ich hängte die Türen ein, verschloß den Wagen, nahm die Papiere und einige wichtige Sachen mit und fuhr auf dem Karren ins nächste Dorf. Ich glaube, es hieß Derinkuyu. Dort rief ich eine Renault-Werkstatt in Kayseri an und fragte nach einer bestimmten Gelenkwelle. Fehlanzeige. Sie empfahlen mir, in Istanbul anzurufen.

Fehlanzeige. Nirgendwo gab es diese linke Gelenkwelle. Schließlich versprach man mir in Ankara, eine solche per Flugzeug nach Kayseri einfliegen zu lassen. Kosten: 200 DM. Ich konnte es kaum glauben, daß es so was noch gibt. Und tatsächlich hatte ich das Objekt meiner Begierde nach zwei Tagen in Händen, fuhr mit dem Taxi zu meinem Wagen, der immer noch da stand (noch ein Wunder), und konnte mit Hilfe des Taxifahrers und des Autoreparaturbuches »Do it yourself« die Gelenkwelle provisorisch einbauen. Eine Werkstatt in Nigde hat dann die Arbeit vollendet. Dankbar konnte ich meine Reise fortsetzen, mußte sie aber um einige Tage kürzen wegen der ungeplanten Kostenexplosion.

Hokuspokus bei Mitternacht

Es war in Salzburg gegen Mitternacht. Es schnürlte, wie die Salzburger zum feinen Fadenregen sagen. Ich kam gerade von einer Zauberveranstaltung, hatte ein paar Bier getrunken und fuhr nun zügig nach Hause, in die Villa Trapp. Da plötzlich sehe ich, wie ein Polizeibeamter die Kelle schwingt und zur Kontrolle in die Parkbucht einweist.

»O weh, jetzt ist der Führerschein weg. Ob das gut geht? Lieber Gott, mach noch einmal eine Ausnahme!«

»Guten Abend. Fahrzeugkontrolle. Ihre Papiere bitte.«

Ich vermied jeden zu nahen Gesichtskontakt, griff in das Handschuhfach und nahm die Papiere heraus. Tief Luft holend überreichte ich sie dem Beamten.

»Darf ich Ihre Autoapotheke sehen?«

Nanu, dachte ich, so was ist ja noch nie gefragt worden. Ich verließ den Wagen, jeden verräterischen Atemzug unterdrückend, und öffnete die Hecktür.

Während ich die Apotheke herauskramte, sah der Beamte neben dem üblichen Krimskrams die verschiedenen Zauberutensilien, die ich in der Eile dort abgelegt hatte, darunter auch ein Kaninchen, allerdings kein echtes, sondern eine fellüberzogene Attrappe, die man in der Hand ungesehen verstecken kann, um sie aus den

Taschen und Jacken anderer Leute zappelnd hervorzuzaubern.
»Sind Sie Zauberkünstler?« fragte er neugierig.
»Ja, ich komme gerade von einem Auftritt.« Hoffentlich merkt der meine Fahne nicht, dachte ich die ganze Zeit.
»Sie, da hab ich mal ne Frage: Wie geht das eigentlich mit dem Kaninchen im Zylinderhut?«
»Ich kann es Ihnen gerne zeigen, wenn Sie erlauben.« Ich drehte ihm kurz meinen Rücken zu, um die Attrappe in meiner rechten Hand zu palmieren (verstekken). Dann griff ich ihm blitzschnell unter seine Jacke und entnahm ein zappelndes Kaninchen von 30 cm Größe. Sofort verstaute ich es im Wagen.
»Donnerwetter«, staunte der Mann. Dann wandte er sich um und rief in Richtung Streifenwagen: »Hans, komm mal her. Das mußt du sehen!«
Der Kollege trat hinzu. Diesmal aber zog ich es vor, ein anderes Kunststück zu zeigen. Es schnürlte weiter und die Autos fuhren an uns vorbei.
»Sehr interessant, wirklich sehr interessant«, meinte der Beamte. Und dann:
»Was haben Sie denn so getrunken? Ein paar Bier werden es schon sein, oder?«
Mir stockte das Blut in den Adern.
»Naja, zwei, drei Glas. Ich bin auch gleich zu Hause. Gerade noch ein Kilometer. Villa Trapp, falls Ihnen das was sagt.«

Er legte seine Hand grüßend an die Mütze und sagte: »Gute Fahrt!«
Ich stieg ein, erleichtert und irritiert zugleich. Hätte der Beamte nicht nach der Autoapotheke gefragt, wäre der Abend gewiß anders verlaufen.

Bewusstlos am Rand der Stadt

Der schöne Sonntag lud zu einer Fahrradtour ein. Trier hat schöne Radwege entlang der Mosel. Allerdings mußte ich erst einmal die Stadt durchqueren, weil ich am Osthang der Stadt wohnte, unmittelbar am Weinberg in schöner Lage. Ich entschloß mich zu einem Umweg in Richtung Nell's Park und nahm die Route durch ein menschenleeres Industrieviertel. Diese Gegend schien mir jedenfalls ungefährlicher als ein Streifzug durch die ganze Stadt; sie war öde und grau, wie es eben industriell verbaute Stadtteile so sind, dafür störte kein Auto, kein Mensch.
Aufpassen mußte man bei den vielen Schienen der Materialbahnen, die hier quer über die Straßen verliefen und gefährliche Rillen aufwiesen. Wenn man da mit dem Reifen reinrutscht, ist der Sturz programmiert.
Also paßte ich gut auf und – stürzte. Von da an war alles dunkel.

»Wie heißen Sie, sagen Sie Ihren Namen!« hörte ich von fern eine männliche Stimme. Dann folgte ein leichter Backenstreich. Ich öffnete mein linkes Auge und blickte auf eine Operationslampe. Ein junger Mann im weißen Kittel sah mich an.

»Jörg Müller«, flüsterte ich. »Wo bin ich?«
»Sie sind im Mutterhaus der Barmherzigen Schwestern. Sie hatten einen Unfall mit Ihrem Fahrrad. Haben Sie Schmerzen?«
»Ich glaube nicht. Was ist mit meinem rechten Auge?«
»Es scheint nur ein Bluterguß zu sein. Sie haben Glück gehabt. Wir mußten nähen. Der rechte Griff Ihres Fahrradlenkers hat nur um Millimeter Ihr Auge verfehlt. Wissen Sie die Uhrzeit Ihres Sturzes?«
»Ungefähr halb vier.«
»Dann haben Sie eine Stunde bewußtlos dort gelegen, ehe Sie ein PKW-Fahrer fand.«
»Na super. Und wo ist mein Rad?«
»Das steht bei der Polizei. Das können Sie dort abholen. Aber jetzt brauchen Sie erst einmal Ruhe. Ich schaue morgen bei Ihnen nach.«
Sie schoben mich in ein Zimmer. Im Spiegel war der Wiedererkennungsfaktor meines Gesichtes gleich null, aber ich kannte ja meinen Namen.
Da es mir anderntags trotz allem gut ging, beschloß ich, das Krankenhaus zu verlassen. Ich zahlte an der Kasse und ein junger Arzt neben mir schaute mich vielsagend an:
»Sie sind doch Dr. Müller?«
»Ja, und wer sind Sie?« entgegnete ich.
»Ich bin Dr. Kaiser, der Sie gestern genäht hat. Sie wollen doch nicht etwa schon gehen?«

»Doch, warum nicht? Die Wunde muß von selber heilen.«
»Aber nur auf Ihre eigene Verantwortung!«
»Aber klar doch. Ich danke Ihnen für Ihre Hilfe. Sollte irgendwas sein, melde ich mich.«

Mein Fahrrad sah recht verbogen aus, aber reparabel. Ich nahm es bei der Polizei gleich mit und ging nach Hause.
Meinen Retter habe ich nie kennengelernt. Dafür gab ich Dr. Kaiser eine Flasche moselanischen Weins. Er war nämlich ein Franke und ein Weintrinker dazu.

Sturm im Wald

Diesmal nahm ich einen anderen Weg zum Bodensee als gewöhnlich. Ich fuhr am späten Abend von Pfullendorf in Richtung Ravensburg und nahm dann eine Abkürzung durch den Wald. Irgendwo bei Wittenhofen. Ein heftiger Regensturm setzte ein, starke Windböen schüttelten meinen Wagen durch. Die einsame Straße durch den Wald sah keineswegs vertrauenerweckend aus; abgebrochene Äste versperrten den Weg, im Slalom fuhr ich über die reichlich verschmutzte Straße. Grelle Blitze und laute Donnerschläge wechselten sich ab, und der Sturm nahm bedrohliche Ausmaße an. Es war keine gute Wahl, diesen Weg zu nehmen, dachte ich. Aber zurückkehren wollte ich jetzt nicht mehr. Mir war daran gelegen, möglichst bald unser pallottinisches Bildungshaus Hersberg bei Immenstaad zu erreichen, wo anderntags ein Seminar begann.

So suchte ich also mitternächtens meinen Weg durch dieses dröhnende und regenpeitschende Unwetter. Hoffentlich fällt dir kein Baum aufs Dach, schoß es mir durch den Kopf. Sollte ich anhalten und warten? Oder Gas geben und möglichst schnell wegkommen?

Plötzlich kam mir ein Auto entgegen. Sein Fernlicht blendete mich dermaßen, daß ich abbremste und stehenblieb. Da erhellte ein Blitz diese gespenstische

Szene; ein donnernder Schlag folgte. Ich sah, wie ein Baum krachend auf meine rechte Fahrbahnhälfte fiel, nur wenige Meter vor mir. Nochmal Glück gehabt. Der andere PKW-Fahrer schlich langsam an mir vorbei, diesmal mit Abblendlicht. Er gab ein kurzes Lichtzeichen und verschwand.

Mir war deutlich geworden, daß dieser Fahrer durch das eingeschaltete Fernlicht einen schlimmen Unfall verhütete. Ob er es wußte?

Das gestreckte Benzin

Die algerische Sahara faszinierte mich immer schon. Nur Sand, nichts als Sand in allen Formationen und Farbtönungen. Und dann dieser klare, sternenreiche Himmel in der kühlen Nacht. Es ist so still, daß man die Stille hören kann. Am Tag ist es so heiß, daß man die Fata Morgana (Luftspiegelung) fotografieren kann.
Ich befand mich auf den Spuren des Wüstenheiligen Charles de Foucauld. Mein Ziel war die Stadt der Tuareg: Tamanrasset. Doch bis es so weit war, galt es, etliche Gefahren zu überwinden, auf alles gefaßt zu sein und sein Verhältnis zu Gott zu überprüfen. Die Wüste zwingt das Vertrauen heraus. Ich war allein, weil keiner meiner Studienfreunde mitreisen wollte. Sie zogen es vor, an irgendeinem Strand zu liegen statt sandverklebt in der Sahara zu brüten. Ich konnte es ihnen nicht verdenken angesichts der Strapazen, die vor mir lagen.
Ich fuhr irgendwo zwischen El Golea und I'n Salah und vertraute einer angeblich aktuellen Pisten- und Oasenkarte des ADAC. Infolge der großen Hitze verdampfte ein gewisser Prozentsatz des Benzins in meinen Kanistern, das wußte ich und hatte vorgesorgt. Dennoch stellte sich immer mal die Frage, ob es auch reichen wird bis zur nächsten Oase. Die Fremdenlegion, die hier noch das Sagen hatte, gab mir den Rat, in einer Notlage

ein weißes Bett-Tuch auf den Sand zu legen und mittendrin einen Spiegel, damit Suchflugzeuge mich finden konnten. Naja, dachte ich, sehr beruhigend.
Es war eine endlose Wüstenpiste, teilweise versandet, mit Löchern übersät, manchmal sogar geteert, wobei aber der Teer sehr weich war und man nicht zu langsam drüberfahren durfte, wollte man nicht kleben bleiben. Das Thermometer zeigte im Auto 42 Grad an. Ich schüttete meinen letzten Kanister in den Tank und steuerte die Oase I'n Salah an, die laut Plan noch ungefähr 400 km entfernt lag. Das müßte reichen.
Das Wasser kochte im Kühler. Jetzt ging nichts mehr. Ich hielt immer wieder an. Vier Stunden Fahrt hatte ich hinter mir, ohne auch nur einen einzigen Beduinen zu sehen. Langsam stieg in mir der sorgenvolle Gedanke auf, ich könnte mich verfahren haben. Denn manche Weggabelung war nicht deutlich gekennzeichnet; die zur Markierung aufgestellten Ölfässer waren versandet. Zeit zum Beten.
Der Tank stand auf Reserve. Er hätte schon lange leer sein müssen. Und weit und breit keine Oase in Sicht. Es war Abend. Der Wagen fuhr und fuhr und fuhr. Der Tankanzeiger rührte sich nicht mehr. Ich rechnete jeden Moment mit dem Stehenbleiben.
»Lieber Gott, führe mich rasch zu einer Oase. Und zwar zu einer Oase, die auch eine Zapfsäule hat.«
Ich war gerade dabei, aus sämtlichen Kanistern den letzten Tropfen herauszuholen, als der sanfte Wind die

Stimme des Muezzins an mein Ohr wehte: »Aaaaaallah akbarrrr. Al'ilallaaaaaah …« (Allah ist groß, es gibt keinen Gott außer Allah.) Bin ich endlich angekommen in I'n Salah? Ich fuhr langsam weiter und sah hinter einem Sandhügel tatsächlich eine blühende Stadt mit Palmenhainen und einem See. Das war sicher keine Fata Morgana! Oder hat man je gehört, daß eine Luftspiegelung zum Gebet rufen kann?

Es war am frühen Abend, als ich mit leerem Tank vor einer Zapfsäule zum Stehen kam. Ich drehte den Schlüssel nochmal um, wollte wissen, ob der Wagen anspringt. Er tat es nicht; er spuckte und ruckte. Aus.

Ein Beduine kam aus seiner Lehmhütte und grinste. Wild gestikulierte er mit seinen Händen und sprach für mich unverständliche Worte. Er füllte meinen Tank und alle Kanister. Und da der Wagen immer noch nicht ansprang, mußten wir ihn anschieben. Zwei weitere Einheimische halfen mir. Ein Fremder im Ort – das bleibt nicht lange unentdeckt. Kinder tauchten plötzlich auf. Da sprang der Wagen endlich an. Ich teilte Kaugummis an die Kinder aus, gab den Helfern Kugelschreiber. Ob sie überhaupt schreiben können?

Dann fuhr ich an den Rand der Oase und schlug mein Zelt unter einer Dattelpalme auf. Das hätte ich lieber nicht tun sollen; denn am anderen Morgen war mein Zelt von den herabfallenden süßen Datteln völlig verschmiert. Nun ja, es gibt Schlimmeres. Hauptsache: mein Wagen hatte wieder Benzin.

Hammelblut für den Boten Gottes

Manchmal kommt es vor, dass man selber zum Engel für andere wird, ohne es vielleicht zu merken. Die folgende Geschichte ereignete sich in Tunesien.
Ich versprach einem beinamputierten Ziegenhirten, bei meiner nächsten Reise einen Rollstuhl mitzubringen. Dieses Versprechen löste ich nach einem halben Jahr ein; ich packte den bei der Caritas erworbenen Stuhl ins Auto ein und machte mich auf den Weg nach El Moghrane, einem Dorf westlich von Hamamet. Weil ich Probleme beim Zoll ahnte, nahm ich noch einige kleine Kronleuchter (aus dem Quelle-Katalog) mit, die sicher den arabischen Beamten gefallen könnten. Denn das Bakschisch ist dort eine ganz normale Bestechungsgabe an den unterbezahlten Staatsdiener.
Der Grenzbeamte sah sich den Rollstuhl an und meinte, daß diese Ware verzollt werden müsse. Ich erklärte ihm den sozialen Zweck der Einfuhr und machte ihm das Angebot, einen Kronleuchter als Gegenwert zu geben. Ohne Quittung natürlich. Er betrachtete das Objekt seiner Begierde und schlug in den Handel ein. Dann ging er zurück in seine triste Amtsstube, brachte einen Beutel mit und verstaute darin den zweistöckigen Leuchter mit den Glasimitaten. Ich bedankte mich brav und fuhr weiter.

In Moghrane angekommen, sagte man mir, daß der Ziegenhirte verstorben sei. Was sollte ich jetzt mit dem Rollstuhl machen? Ich wußte, daß es eine Reihe amputierter Menschen gab, arme Leute, die auf einem rollenden Brett saßen und sich mit den Händen am Boden weiterbewegten. Immer wieder sah ich sie auf dem Feld beim Hüten ihrer Ziegen und Schafe.

So entschloß ich mich, aufs Geratewohl in das Landesinnere zu fahren und Ausschau zu halten nach einem Mann ohne Beine. Es dauerte nicht lange, da traf ich auf einen etwa 25jährigen Tunesier, der gerade am Straßenrand saß und neugierig mein bunt bemaltes Auto ins Visier nahm. Er trug dicke Handschuhe, die ihm das Wegdrücken seines rollenden Brettes auf dem steinigen Boden erleichterten.

»Das ist der Mann, der den Rollstuhl bekommt«, murmelte ich vor mich hin. Also packte ich das Vehikel aus dem Auto, zog es auseinander und stellte es vor ihn hin.

»Salam, mon ami«, sagte ich zu ihm. »C'est un cadeau d'Allah pour vous.« (Das ist ein Geschenk Allahs an Sie.)

Der junge Mann schaute mich mit großen Augen an. Inzwischen kamen weitere Hirten hinzu, darunter ein Bruder des Beglückten, wie ich erfuhr. Ich erklärte ihnen die Funktionen des Rollstuhls und bat den Amputierten, Platz zu nehmen. Mit vereinten Kräften hoben wir ihn hoch und setzten ihn in den Stuhl. Er machte sich gleich vertraut mit seinem neuen Gefährt und dann … weinte er vor Glück.

»Allah akbar«, sagte er, und alle fielen mir um den Hals. Von nun an hieß ich »Elbostaji bi esn'allah« (der Postbote Gottes).

Die Aktion blieb nicht lange verborgen. Es war kaum eine Stunde vergangen, als das halbe Dorf um uns versammelt war. Weiß der Kuckuck, woher die Menschen auf einmal kamen. Und dann geschah es Schlag auf Schlag: Der Ortsälteste schenkte mir einen lebenden Hammel, ein anderer eine selbstgewebte Schafwolldecke, viele brachten Obst, Getränke und Rosenwasser. Ich nahm die Geschenke an, weil die Ablehnung eine Kränkung gewesen wäre. Aber der Hammel! Wohin mit dem Hammel?

Ich schlug ein Hammelfest vor für diesen Abend. Allen gefiel diese Idee. Und so kam es zu einem spontanen Dorffest zu Ehren des amputierten Hirten, zu Ehren des »Elbostaji bi esn'allah« und auf Kosten des armen Hammels, dessen Blut ich unmittelbar nach der Schächtung trinken durfte. So war es Brauch. Hätte ich das nur vorher geahnt!

Bileams Engel

Kennen Sie die Geschichte des Propheten Bileam, der von einem Engel am Weitergehen gehindert wurde? Weil Bileam im Auftrag des Königs von Moab die Ägypter verfluchen sollte, stellte sich ihm ein Engel Gottes in den Weg, um diesen Gang zu verhindern; denn er wäre dem Bileam nicht gut bekommen. (Numeri 22, 1–36)

So wurde auch mir öfter der Weg versperrt, ohne daß ich ahnte, wer denn nun den Balken da hingelegt hatte.

Eines Tages hatte ich die Nase voll von meinem Job als Lehrer und Therapeut. Genervt suchte ich einen Ausweg, der in Wirklichkeit eine Flucht war. Mit meinem tunesischen Freund Mohamed wollte ich in Moghrane eine T-Shirt-Fabrik errichten und Deutschland Lebewohl sagen. Der Wunsch, Priester zu werden, blieb bis dahin unerfüllt; auch hier zeichnete sich keine freie Bahn ab (die Bischöfe wollten Pfarrer, aber keinen Therapeuten haben), so daß ich nur noch vom Aussteigen träumte und den Plan von der Fabrik zu realisieren begann.

Das Projekt startete; der Gouverneur unterschrieb den französisch-arabischen Vertrag; die Somugos GmbH wurde gegründet (Société Mueller–Bougossa), die Hermes-Versicherung kontaktiert.

Nach einigen Monaten war es Zeit, die Arbeiter zu bezahlen. Ich gab Mohamed viel Geld, damit er das erledigen sollte. Während er in Tunesien den Geschäften nachging, bereitete ich in Deutschland den Umzug vor.
Da kam ein Anruf aus Tunesien. Ein Bekannter Mohameds rief mich an: »Docteur, Hamed spielt den großen King. Er läuft mit einem dicken Portemonnaie durch die Gegend und mimt den großen Sponsor. Du mußt sofort kommen.«
Völlig irritiert flog ich nach Tunis. Doch Mohamed war nicht mehr da. Es hieß, er wäre in Saudi-Arabien. Ich setzte alle Hebel und Telefone in Bewegung, um seinen Aufenthaltsort ausfindig zu machen. Und tatsächlich konnte ich ihn in einem Hotel in Dschidda erreichen.
»Du kommst sofort zurück oder ich werde dich in der ganzen Welt jagen«, schrie ich vollmundig ins Telefon. Bei Arabern muß man dick auftragen, wild gestikulieren, drohen, wenn man etwas erreichen möchte.
Er kam zurück. Aber ohne Geld. Das hatte er buchstäblich verpraßt. Seine Familie war außer sich. Wie ein geschlagener Hund offenbarte er seinen Bankrott.
Ich rief beim Gouverneur an und erklärte ihm diese Katastrophe. Der Traum von der Fabrik war für beide Seiten geplatzt. Ich erkannte, daß dieser Weg versperrt war; so setzte ich meine Arbeit in Deutschland wieder fort mit einem Haufen Schulden. Gott bewahrte mich wahrscheinlich vor einer grandiosen Fehlentscheidung. Bileam läßt grüßen.

Glück im Unglück

Gegen 18 Uhr verließ ich Ulm und begab mich auf die A 8 in Richtung München. Beim Autohof Seligweiler tankte ich den Wagen voll. Ich war gerade 200 m gefahren, als blitzartig das Wort BENZIN!!!!! vor meinem geistigen Auge aufleuchtete. Mir fuhr der Schrecken in die Knochen: Ich hatte den falschen Treibstoff gewählt. Noch nie war mir so was passiert. Jetzt fiel mir auch der hohe Preis auf, den ich zahlen mußte. Ich Trottel hatte BENZIN statt Diesel getankt.

Ich hielt an und bat den ADAC um Abschlepphilfe. Mir war klar, daß um diese Zeit keine Werkstatt mehr offen war, daß ich die Nacht in einem Hotel verbringen mußte und ein Rattenschwanz von lästigen Erledigungen auf mich zukam.

Nach einer halben Stunde kam ein großer Abschleppwagen und fuhr mich mitsamt dem Wagen wieder in die Stadt zurück. Der junge Mann am Steuer erzählte mir, daß er bis zu viermal täglich ausrücken müsse, weil die Leute den falschen Treibstoff tankten.

»Sie haben Glück«, sagte er mir. »Sie sind beim ADAC plus-versichert, das bedeutet: Sie bekommen einen Mietwagen oder ein Hotelzimmer, wie Sie wollen.«

»Ich nehme lieber einen Mietwagen und komme morgen zurück«, entgegnete ich.

»Den Mietwagen können Sie gleich bei uns mitnehmen. Wir fahren jetzt Ihr Auto zur Honda-Werkstatt; die befindet sich direkt uns gegenüber. Also alles in allem sehr praktisch, nicht wahr?« sagte der gelbe Engel vom ADAC.

»In der Tat. Klassischer Fall von außerbetrieblicher Kooperation.« Mir fiel ein Stein vom Herzen. Jetzt ging alles ziemlich rasch: Honda-Werkstatt: Abgabe des PKW. Gegenüber ADAC: Übernahme des Leihwagens. Und ab nach Freising.

Am anderen Tag rief mich die Werkstatt an: »Sie können Ihren Wagen abholen. Wir haben den Tank ausgepumpt, die Schläuche gereinigt und den Filter ausgewechselt.«

Kosten: 160 Euro.

Spanische Nacht

Zwischenstation in Barcelona. Ich kam soeben von einem Flamenco-Abend und begab mich, reichlich müde von der Sangria, in mein Hotel. Dort mußte ich das Zimmer mit einem jungen Mann teilen, der gerade drei Jahre Fremdenlegion in Afrika hinter sich hatte; er machte einen sympathischen Eindruck und schien gar nicht in das Klischee eines heruntergekommenen Söldners zu passen. Wir planten für den nächsten Tag eine gemeinsame Besichtigung der Santa Maria, eines der drei Schiffe, mit denen Kolumbus nach Amerika segelte. Sie dümpelte im Hafen vor sich hin.

Gegen acht Uhr wurde ich wach; mein Schädel brummte. Das Bett neben mir war leer. Dann fuhr ich erschrocken auf und wußte instinktiv, daß ich bestohlen worden war. Ich suchte meine Sachen zusammen und stand vor dem Ruin meines restlichen Urlaubs: mein ganzes Geld, inklusive Scheckkarten und ADAC-Karten, war weg. Weshalb hatte mich mein Instinkt nicht früher gewarnt?

Rasch zog ich mich an und begab mich an die Rezeption, um den Vorfall zu melden, die Karten zu sperren und mit dem Chef zu verhandeln. Ich war nicht gewillt, die beiden Nächte zu bezahlen, denn ich hatte gegen die Zusammenlegung mit dem Fremdenlegionär protestiert. Weil aber nicht genügend freie Zimmer vorhanden waren, hatte mich der Chef gebeten, das Zimmer mit dem jungen Mann zu teilen. Diesen Vorgang machte ich mir jetzt zunutze und verweigerte die Bezahlung. Mit Erfolg.

Ich packte meinen Koffer und wollte abreisen. Zuvor mußte ich noch zur Bank, um einen Traveller-Scheck einzulösen, den ich in meiner Jacke trug und der mir die Rückreise möglich machte.

Ich hatte gerade das Hotel verlassen und begab mich zu meinem Auto, als eine Stimme aus einem vorbeifahrenden Mercedes rief: »Jööörgi, Haaaaaallo!« Ich blickte mich um und erkannte meinen Schulfreund Harald Kögel. Er war auf Einkaufstour und wollte gerade zu seinem Campingplatz ans Meer fahren.

»Was machst du denn hier?« fragte ich erstaunt.

»Das, was du machst: Urlaub«, entgegnete er.

»Der ist seit heute vorbei«, erwiderte ich. »Ich bin bestohlen worden und flüchte jetzt knirschenden Gemütes in heimatliche Gefilde.«

»Das wirst du nicht. Du machst jetzt mit uns Urlaub. Meine Eltern, meine Schwester und ich, wir campieren im Wohnmobil in Malgrat. Da ist noch Platz für dich. Komm, pack die Koffer und fahr mir nach. Wir sind noch acht Tage da.« Das ließ ich mir nicht zweimal sagen. So war mein Urlaub doch noch gerettet. Und am selben Abend saßen wir vor einer Strandkneipe, das ruhige Meer im Blick; auf dem Tisch die Sangriagläser.

Der Unbekannte

Es ging mir schon längere Zeit nicht gut. Seit mich mein tunesischer Partner um achtzigtausend Mark betrogen hatte, war die Stimmung im Keller. Der Traum von der geplanten T-Shirt-Fabrik in Moghrane war geplatzt; der Schuldienst entpuppte sich mehr und mehr als Albtraum, und für die therapeutischen Sitzungen mit depressiven Klienten fehlte mir der Nerv. War es die Midlife-crisis oder ein Burn-out-Syndrom, das mich quälte, oder war es schlichtweg eine reaktive Depression, die ich aus dem tunesischen Desaster mitbrachte?

Es folgten Monate der Unlust und Müdigkeit. Ich war nicht imstande, meine Arbeit zu bewältigen, und versank zeitweise in Selbstmitleid, gepaart mit Vorwürfen gegen Gott, der sich in Schweigen hüllte. Zur Ohnmacht gesellte sich die Wut: Warum gerade ich?

Ich bildete mir ein, Gott müsse mir, dem Theologen und praktizierenden Christ, besondere Vergünstigungen gewähren in Form von sofortigen Gebetserhörungen. Das war wohl ein frommer Irrtum. Heißt es nicht: Gott läßt es regnen über Gerechte und Ungerechte …? Naja, dachte ich, wer weiß, wozu der Regen gut ist.

Ich suchte mich abzulenken und machte einen Bummel durch die Stadt. In der Fußgängerzone herrschte ein re-

ges Treiben; Musikanten und Gaukler gaben dem sonnigen Tag eine besondere Note; da stand ein Zeuge Jehovas mit seinen Zeitschriften, dort eine lebende Statue im Gewand einer griechischen Göttin, etwas weiter lachte eine Gruppe Neugieriger über einen Straßenclown. Das alles vermochte mich nicht aus der Lethargie zu reißen.

Da kam ein junger Mann auf mich zu. Er hielt ein Kärtchen in seiner Hand, die er mir entgegenstreckte.

»Für dich!« sagte er lächelnd. »Das habe ich für dich gefunden.«

Ich nahm es entgegen, schaute diesen kleinen weißen Karton im Format einer Visitenkarte an und las den Text darauf: *Du hast Gnade gefunden vor meinen Augen, und ich kenne dich mit Namen (2 Mos 33,17).*

Als ich aufblickte, war der Mann im Gewühl der Menschenmassen verschwunden. Ich versuchte mich an sein Gesicht zu erinnern. Kannte er mich? Wer war er? Ein Klient von mir? Oder ein ehemaliger Schüler? Er duzte mich. Seltsam, dachte ich, was hat das zu bedeuten?

Ich blickte auf die Karte und las die Worte immer wieder: *Du hast Gnade gefunden vor meinen Augen, und ich kenne dich mit Namen.*

Meine Trauer verschwand. Doch es blieben zwei Fragen: Wer war der Unbekannte? Und: Warum gerade ich?

In letzter Sekunde

Da saß ich endlich im Bus auf der Fahrt von Lyon nach Marseille. Der Verkehr in Lyon war chaotisch an diesem Tag: stop and go. Ich saß ganz vorn neben dem Busfahrer, weil ich so alles besser übersehen konnte, und weil das der einzige Sitz war, der meinen langen Beinen genügend Raum gab. Es war ein französischer Linienbus, der diese Strecke täglich befuhr, die Reisenden waren vorwiegend Franzosen, aber auch einige Spanier und zwei Deutsche saßen drin. Er war nur halb besetzt, was uns an diesem schwülen, leicht verregneten Tag nur recht war.

Die Fahrt zog sich endlos hin in diesem für Industrieviertel typischen Grau, vorbei an verschmutzten Häuserfronten und vergammelten, hundertmal überklebten Plakatwänden. Das ständige Hupen der überholenden Autos und das nach jedem Stop aufheulende Motorengeräusch der LKW machten auch nur eine Andeutung von Schlaf unmöglich. Ich war müde, und der Sitz entpuppte sich allmählich als ein Folterwerkzeug, weil er eine zu kurze Sitzfläche und keine Lehnen hatte. Sicherheitsgurte kannte man nicht.

Nach einer Stunde beschloß ich, mich auf die hintere Sitzbank zurückzuziehen, um dort ein Nickerchen zu versuchen. Ich hatte mich gerade ausgebreitet, als ein

gewaltiger Knall ertönte und ich auf den Boden fiel. Die Frauen schrien durcheinander, Scheiben barsten, der Busfahrer fluchte fürchterlich. Ich hatte mich leicht an der Stirn verletzt, rappelte mich auf und sah, daß mein Platz neben dem Fahrer nicht mehr da war. Die Rückwand eines LKW befand sich dort; die Scherben lagen überall herum, und das Handgepäck hatte sich selbständig gemacht. Der Fahrer saß eingeklemmt auf seinem Sitz, blutete an der Nase und an den Händen und versuchte sich zu befreien. Einige Passagiere zeigten ebenfalls leichte Blessuren im Gesicht und an den Knien.

Der Busfahrer war auf den LKW gefahren, als dieser plötzlich bremste. Er war ohnehin zu dicht hinter ihm her und hat dann wohl nicht aufgepaßt. Nach einigen Minuten hatten alle den Bus verlassen; es ging glimpflich ab.

Der Fahrer, inzwischen ärztlich versorgt, schaute mich an und meinte: »Vous avez eu de la chance, mon ami, ou c'était un ange gardien. Qui sait?« (Sie haben Glück gehabt, mein Freund. Oder es war ein Schutzengel. Wer weiß?)

Nach einer weiteren Stunde setzten wir mit einem anderen Chauffeur in einem Ersatzbus die Reise fort.

Verspätet

Es war ein heißer August. Ich machte Urlaub in Griechenland und kurvte mit meinem roten Renault Richtung Küste, um das Fährschiff Heleanna zu erreichen, mit dem ich wie gewohnt nach Italien hinüberschwimmen wollte.
Die vorderen Türen hatte ich – wie so oft – ausgehängt und hinter die Rücksitze gelegt. Ich war spät dran und hoffte, die Fähre zu erreichen, weil ich in San Giovanni di Rotondo, nördlich von Bari, noch einen Besuch bei Pater Pio machen wollte. Also legte ich einen Zahn zu in der Hoffnung, nicht von den zahlreichen Polizisten, die so plötzlich hinter irgendwelchen Kurven und Bergkuppen auftauchten, erwischt zu werden. Doch das Schicksal wollte es wohl anders; denn als ich im Hafen ankam, war das Schiff bereits geschlossen. Ich mußte mich also in die Schlange wartender Autofahrer einreihen und auf die nächste Fähre warten, die erst zwei Stunden später anlegte.
Diese Verspätung sollte sich als ein großes Glück erweisen. Als ich schließlich einen Tag später in San Giovanni ankam, verkündeten es alle Zeitungen und Fernseher: Die Fähre Heleanna ist auf offener See in Brand geraten und gesunken. 25 Tote, viele Verletzte und über tausend Menschen, die in Rettungsbooten flüchten

konnten. Alle Autos an Deck versanken mit dem Schiff im adriatischen Meer.

Dieser Vorfall ist Grund genug, über Verspätungen, Hindernisse und unerfüllte Wünsche gelassen nachzudenken: Manchmal will der Himmel noch ein Wörtchen mitreden. Und allzuoft wollen wir ihn nicht zu Wort kommen lassen.

Schlag auf Schlag

Jetzt wollte ich es endlich wissen: Hat Gott mich zum Priesteramt berufen oder nicht? Ist es eine Einbildung oder ein Ruf? Ich war fast 50 Jahre alt. Also entschloß ich mich, die Antwort auf diese Frage in Medjugorje zu holen. Niemand wurde in meinen Reiseplan eingeweiht. Um so erstaunter war ich, als mir drei Tage vor der Abreise ein gewisser Josef Böhle aus Tübingen die genaue Straßenroute schickte. Er schrieb: »Im Gebet habe ich die Weisung erhalten, Ihnen die Autoroute zukommen zu lassen, damit Sie sich nicht verfahren.«
Aha, dachte ich, jetzt wird's spannend. Gott erwartet mich in Medjugorje. Was hat er mir zu sagen?
Die Strecke führte mich über Lubljana, Karlovac, Knin, Imotski und Citluk nach Medjugorje. Sofort begab ich mich ins Pfarrhaus, wo ich P. Slavko Barbaric sprechen wollte, den ich nur vom Hörensagen kannte. Ein kleiner rundlicher Pater öffnete die Tür.
»Guten Tag, mein Name ist Jörg Müller, ich komme von Trier und wollte P. Slavko sprechen.«
»Willkommen in Medjugorje. Schön, daß Sie da sind. Wir haben Sie schon erwartet.«
Er führte mich in ein Zimmer und verschwand. Erwartet haben sie mich? Wer wußte denn von meinem Kommen? Ich entdeckte auf dem Tisch mein Buch »Gott

heilt auch dich« und spürte einen deutlichen Adrenalinstoß. Was hat das alles zu bedeuten? Mehr Zeit zum Nachdenken blieb mir nicht, denn P. Slavko trat ein und begrüßte mich wie einen alten Freund.

»Hallo, lieber Jörg Müller, warum kommst du jetzt erst? Ich habe dich schon lange erwartet. Du kannst gleich hierbleiben, die Erscheinungen finden in diesem Raum statt. In einer halben Stunde kommen die Seher.«

Meine Müdigkeit nach 18 Stunden Fahrt war verschwunden. Ich kniete hinter den Sehern und wußte nicht, wie mir geschah. Während der Erscheinung, die zwanzig Minuten dauerte, verspürte ich nichts Besonderes. Danach verließen alle den kleinen Raum und tauchten in der Menschenmenge unter, die sich vor dem Pfarrhaus angesammelt hatte. Es waren dreitausend Menschen. Ein junger Mann trat auf mich zu und sagte:

»Sind Sie Dr. Müller? Ich bin Josef Böhle, der Ihnen den Brief geschrieben hat.«

»Sie sind es?« entgegnete ich erstaunt. »Woher kennen Sie mich?«

»Ein Kommilitone hat bei Ihnen mal hospitiert. Und ich habe einige Bücher von Ihnen gelesen. Naja, und dann im Gebet habe ich das Empfinden gehabt, Ihnen zu schreiben.«

Man kann nicht sagen, daß ich angesichts der gehäuften Zufälligkeiten gerade happy gewesen wäre, nein, ich war wie erschlagen, fast gelähmt. Ich dachte: So also ist das, wenn man es mit Gott zu tun bekommt. Betroffenheit, Neugier und eine gewisse innere Spannung bauten sich auf.

Die ganze Zeit überlegte ich schon, ob und wie es möglich sei, sich mit den Sehern und Seherinnen zu treffen, um ein Gespräch zu führen. In diesem Menschenchaos sah ich keine Chancen für irgendwelche Meetings. In diesem Augenblick trat ein Franziskaner auf mich zu und sagte:

»Sie wollen mit den Sehern sprechen, nicht wahr? Ich kann Sie mit meinem Wagen hinfahren. Fahren wir zuerst zu Vicka und dann zu den anderen. Sie sind jetzt alle zu Hause.«

Wie in Trance stimmte ich zu und stieg ein. Was nun folgte, waren zwei Stunden intensiver Begegnungen mit allen Sehern in deren privater Atmosphäre. Das war eine große Ehre für mich. Ich wußte nicht, wem ich – außer Gott – das alles zu verdanken hatte und wie das enden sollte.

Am Abend besuchte ich die hl. Messe in der Pfarrkirche. Sie war gesteckt voll; ich stand auf der Madonnenseite unmittelbar vor den Stufen zum Altar. Platz zum Knien gab es nicht. Nach der Wandlung blieb eine Zeit der Stille. Plötzlich spürte ich eine aufkommende Wärme und starkes Herzklopfen. Ich konnte diese Symptome nicht einordnen und meinte zuerst, die lange beschwerliche Autoreise fordere jetzt ihren Tribut. Aber dann war es mir, als vernähme ich eine innere Stimme, die mir klar und eindringlich sagte: »Jörg, ich wünsche, daß du in einer Ordensgemeinschaft Priester wirst und als Psychotherapeut für die Menschen da bist.« Dann war es still.

Den Teil der Meßfeier bis zur Kommunion habe ich nicht mitbekommen. Ich war in Gedanken versunken und wiederholte immer wieder diesen Satz. Mit gemischten Gefühlen, denn es war nie meine Absicht gewesen, einer Ordensgemeinschaft beizutreten. Das machte mir angst. Doch Gott schwieg.

Als ich wieder zu Hause ankam, sichtete ich zuerst einmal die angehäufte Post, die mir meine Putzfrau auf den Schreibtisch gelegt hatte. Ganz oben lag ein Gebetszettel mit der Abbildung der »Königin des Friedens« von Medjugorje. Es handelte sich um ein Weihegebet an Maria. Die Putzfrau hatte den Gebetszettel unter der Fußmatte vor meiner Wohnungstür gefunden. Ich erkannte schnell den versteckten Aufruf, mich der Gottesmutter zu weihen, und sah in dieser Fügung den vorläufigen Abschluß einer Reihe von göttlichen Arrangements.

Ein Jahr später, 1989, trat ich in die Gemeinschaft des katholischen Apostolates ein, besser bekannt als Pallottiner.

Auf der Flucht

Die folgende Episode beruht auf einem schriftlichen Gedächtnisprotokoll meiner Mutter.

Wir, meine Zwillingsschwester Heidi und ich, waren gerade ein Jahr alt, als unsere Mutter wegen der vielen Fliegerangriffe 1944 mit uns nach Günzburg flüchtete. Dort lebte eine Tante. Doch wir kamen vom Regen in die Traufe. Die Angriffe auf den Flugplatz Leipheim bei Ulm waren noch schlimmer. Deshalb flohen wir nach Scheidegg / Allgäu, wo andere Verwandte wohnten. Mit einem geliehenen Leiterwagen ging es nach Wasserburg, wo uns desertierte Soldaten in einem Militär-LKW mitnahmen, weiter nach Wangen. Wegen der zunehmenden Tieffliegerangriffe und der völligen Dunkelheit übernachteten wir im Wartesaal des Bahnhofs. Erst am Morgen sahen wir uns umringt von dunklen Gestalten: Es waren Inder (Sikhs) in deutscher Uniform, die für unser Land kämpften.

Ein Bauer gab uns einen Plateauwagen. Zwei Inder wollten uns unbedingt helfen und sind gemeinsam mit uns durch die Dörfer gezogen bis nach Lindenberg. Dort verließen uns die beiden Inder. Ein Bauer schenkte uns ein Rad Käse.

Nach acht Tagen Flucht kamen wir schließlich in Scheidegg an. Später erfuhr meine Mutter, daß alle Inder er-

schossen worden waren, weil sie sich unerlaubt von der Truppe entfernt hatten.

Bei Kriegsende stürmten Marrokkaner den Ort; sie vergewaltigten die Frauen und schikanierten die Bevölkerung; meine Mutter und meine Tante ließen sie in Ruhe, wahrscheinlich wegen uns Kindern; sie gaben uns Butter in großen Bierkrügen und Lebensmittel. Sie schlugen ihre Zelte direkt vor unserem Haus auf.

Einige Tage später kam mein Vater nach Scheidegg; er war kurz in englischer Gefangenschaft gewesen. Jetzt war die Familie wieder zusammen und konnte mit einem Zug zurückfahren nach Bernkastel-Kues. Die Amerikaner kamen kurz darauf und beschenkten uns Kinder mit Kaugummi, Schokolade und Milchpulver. Wir waren uns im klaren darüber, wie sehr Gott seine Hände über uns hielt und gewiß auch viele Engel schickte …

Kath. Öffentliche Bücherei
Liebfrauen-Überwasser
Katthagen 2 · 48143 Münster
ausgeschieden

Jörg Müller – Seine Bücher im Betulius Verlag

Ich hab dir was zu sagen, Herr

Gebete für alle Zeiten
96 Seiten, kartoniert

Von Zuhörern seiner Vorträge wie auch von Patienten in seinen Sprechstunden wurde Jörg Müller immer wieder die Bitte vorgetragen, die Gebete zu erhalten, die er als Abschluss und Zusammenfassung formulierte. Einige sind nun hier zusammengefasst. Es geht um Themen wie Schuld und Vergebung, Angst und Sorge, Krankheit und Not, Glaube und Vertrauen, Gaben des Heiligen Geistes, Tod und Einsamkeit, Friede und Einheit, Dank und Hingabe. In Jörg Müllers Vorschlägen kann sich jeder wiederfinden. Sie ermutigen zum Gebet.
Beten bedeutet Hören auf Gott, es meint auch Handeln für Gott, und es heißt Reden mit Gott. Weil so viele Christen nicht wissen, wie und worüber sie mit Gott reden sollen, hat Jörg Müller hier fünfzig Gebete aufgeschrieben zur heilenden Kommunikation mit Gott, für alle Fälle und für alle Zeiten.

Gott ist anders

Das Leiden an den falschen Gottesvorstellungen.
Wege zur Heilung
120 Seiten, kartoniert

Jede Neurose ist letztlich ein Leiden an Gott. Diese Erkenntnis von C. G. Jung mag verwundern oder ärgern. Nach vielen Jahren therapeutischer Tätigkeit sieht der

Autor sie bestätigt. Das muss nicht heißen, dass jeder neurotisch wird, der an seinem Gott leidet. »Ich wage den Versuch«, schreibt Jörg Müller im Vorwort, »aus der Praxis für die Praxis zu schreiben und dabei jene Erfahrungen zu vermitteln, die in der universitären Ausbildung zu kurz kommen. Dieses Buch ist geschrieben für Betroffene und für jene, die unmittelbar mit dem hilfesuchenden Menschen zu tun haben und Wert auf eine biblisch orientierte, also christliche Leib- und Seelsorge legen.«

GEHORSAM – UM JEDEN PREIS?
Weshalb Angepasste konfliktunfähig sind
und Eigenwillige gesünder leben
120 Seiten, kartoniert

Zu viele Menschen werden dadurch schuldig, dass sie ihr Leben nicht leben, sondern sich aus Angst vor Sympathieverlust fremdbestimmen lassen. Die Folgen sind Frust, Krankheiten, Ungehorsam im falschen Moment. Auch Christen verstehen immer noch das Gebot der Elternliebe falsch und wissen nicht, wann sie die andere Wange hinhalten sollen. Man muss Gott mehr gehorchen als den Menschen – wie aber erkennt man den Willen Gottes? Wann ist Unterordnung gefordert, wann ist die Verweigerung des Gehorsams gerechtfertigt? Was ist Zivilcourage?
Aus biblischer und psychologischer Sicht gibt Jörg Müller differenzierte Antworten auf diese Fragen.
Ein Buch für Eltern, Erzieher und Angepasste.

Alternative Heilverfahren

Therapeutischer Anspruch
und Bewertung aus christlicher Sicht
144 Seiten, kartoniert

Die Sehnsucht nach Heilung und Heil ist groß. Viele Angebote gibt es auf dem weiten Markt des esoterischen Chaos. Was zu den einzelnen Methoden aus christlicher Sicht zu sagen ist, das macht den Wert dieses Buches aus.
Jörg Müller stellt die bekanntesten Methoden mit ihren Philosophien und ihrem Anspruch und Auftreten dar. Auf die Einwände der Kritiker geht er ein und bewertet daraufhin die Heilverfahren. Viele Heilungsangebote werden besprochen: Akupunktur, Ayurveda, Bachblüten, Bioresonanz, Familienaufstellung, Autogenes Training, Geistheilung, Hildegardsteine, Hypnose, Reiki, Yoga und andere.

Heilung durch Versöhnung

Mit David Dejori
Modell einer erfolgreichen
christlich orientierten Psychotherapie
144 Seiten, kartoniert

Unversöhnlichkeit, Hass und Groll blockieren die Heilung. In seinen Gesprächen und seiner christlichen Therapie nimmt er die Ratsuchenden ernst und stellt ihre Fragen nach dem Glauben und dem liebenden Gott, nach Schuld und Reue in den Mittelpunkt. Er begleitet sie bei ihren Schritten zur Einsicht, wenn sie andere um Verzeihung bitten und selbst Vergebung gewähren. Die innere Heilung ist wesentliche Voraussetzung für die äußere Genesung. Der Weg zur Versöhnung ist gangbar, und wer die heilende Erfahrung der Vergebung und Versöhnung gemacht hat, findet zu einer tragfähigen spirituellen Ausrichtung seines Lebens.

Verwünscht, verhext, verrückt oder was?

120 Seiten, kartoniert

Gibt es dämonisch bedingte Störungen? Was sagen Psychologie und Theologie dazu? Wer kann helfen?
Mit diesen Fragen beschäftigt sich Jörg Müller in seinem Sachbuch über die Hintergründe dämonischer Erkrankungen. Er gibt Hilfen zur Erkenntnis von okkult bedingten Störungen. Die Bibel lässt keinen Zweifel daran, dass in der unsichtbaren Welt der geistigen Geschöpfe gute Geister als machtvolle Boten Gottes in die Geschichte der Welt und der einzelnen Menschen hilfreich einwirken; sie rechnet aber auch mit der Existenz böser, gottfeindlicher und menschenfeindlicher Geistwesen. Jesus hat seinen Jüngern den Auftrag gegeben, das Evangelium zu verkünden, die Kranken zu heilen und die Dämonen zu vertreiben.
In dem Dienst der Heilung und Befreiung von der Macht und dem Einfluss der bösen Geister hat Jörg Müller reiche Erfahrung gesammelt. Sein aus der Praxis entstandenes Buch gibt wertvolle Klärungen und konkrete Hilfen für alle Betroffenen.

Betulius Verlag Stuttgart